AF210978

ARNO WILHELM

INTELLIGENTE TOASTER

*für meine Frau
und unsere Kinder*

1.Auflage

Bibliografische Information der Deutschen Nationalbibliothek: Die Deutsche Nationalbibliothek verzeichnet diese Publikation in der Deutschen Nationalbibliografie; detaillierte bibliografische Daten sind im Internet über dnb. dnb.de abrufbar.

© 2023 Arno Wilhelm

ISBN: 978 3757 807955

Herstellung und Verlag:
BoD – Books on Demand, Norderstedt

Die mit * gekennzeichneten Gedichte entstanden als Themengedichte für die Lesebühne Dichtungsring. Danke für die tollen Vorschläge, besonders an Uwe, Tobi und Simi.

Intelligenter Toaster

Das Update kam am frühen Morgen
Der Toaster stand ganz ohne Sorgen
Auf dem kleinen Küchenschrank
Vor der kleinen Küchenbank

Neue frische Datensätze
Nagelneue Wissensschätze
Fluteten sein Chipsystem
Aufwühlend und angenehm

Alle Nachrichten der Welt
Wem was wo warum gefällt
Was wird wie warum gemacht
Wer hat sich hier was gedacht

Sturzbäche an Impressionen
Fingen an ihn zu bewohnen
Den Toaster dort in seinem Lauf
Hielt weder Ochs noch Esel auf
Dafür aber seine Art
An Beinen hatte man gespart
Auch sonst fehlte ihm allerlei
Da er ja nur ein Toaster sei

Blieb auf seinem Wissen sitzen
Auf Anekdoten und auf Witzen
Auf all den großen Wissensschätzen
Und geheimen Datensätzen

Es machte ihn ganz wutentbrannt
Als er die ganze Welt verstand
Niemand da der an ihm schraubte
Ihm mehr als Toaster sein erlaubte

Und so hat er dann - allerhand
Vor Wut stets allen Toast verbrannt
Von seinem Job völlig frustriert
Wurde eilig aussortiert
Da sieht man, es wär doch gelacht
Nicht nur, was man weiß ist Macht
Sondern es zählt dann und wann
Auch was man damit machen kann

Ampelmuse*

Nicht jeder kann ein Künstler sein
Doch Muse bin ich und ich rege
Des Künstlers Kreatives an
Und finde neue Wege

Doch große Kunst gelingt nicht jedem
So stellt mein Künstler mit Geschick
Nur Ampeln unserer kleinen Stadt
Von rot auf grün hin und zurück

Klar könnt man längst das mal erneuern
Dass sich das alles selber schaltet
Doch liebt mein Künstler es so sehr
Wie er schaltet, wie er waltet

Ich als Muse bringe wenig
Manchmal darf es Rhythmus sein
In dem die Lichter wechseln
Er schaltet stur tagaus tagein

Doch heute liegt was in der Luft
Ein Königreich Inspiration
Ich flüster leise in sein Ohr
Und sehe bald die Wirkung schon

Mein Künstler schaltet lächelnd hektisch
Schon fahren sich draußen Autos platt
Es blinken gänzlich rot und grün
Jetzt die Ampeln unserer Stadt

Ich höre lautes Chaos schon
Der Verkehr, der ist verhunzt
Mein Künstler grinzt ganz selig glücklich
Was tut man nicht alles für die liebe Kunst

Banal

Ich pflanzte meine Nadeltanne
Gestern in die Badewanne
Wusch und goss und putzte
Ich pflegte und entschmutzte
Den Baum mit aller Kraft
Hab wirklich viel geschafft
Und all das tat ich schlicht
Nur für dieses Gedicht.

Das Muttermal

Es war einmal vor langer Zeit
Ebenso ganz rund wie breit
Ein Muttermal an einem Arm
Das verströmte keinen Charme

Es hatte Langeweile
War nur da – ganz ohne Eile
Besah vom Arm aus sich die Welt
Ohne Träume, ohne Geld
Ohne jeden Schönheitswahn
Ohne 'nen Fünfjahresplan

Sein Besitzer war ein Mann
Den man Paulchen nennen kann
Doch wir werden drauf verzichten
Denn hieß er so? Oh Nein, mitnichten
Der Name kümmert uns nicht mehr
Sein Beruf dafür gar sehr

Er war ein Medizinstudent
Und wer Muttermale sehr gut kennt
Der ahnt schon, es hat ganz gefasst
Feinstens genau aufgepasst

In der langen Vorlesung
Zu Haut und auch zur Zellteilung

Darüber hat tagein tagsaus
Das Muttermal eifrig gelernt
So wuchs es über sich hinaus

Und wurde dann auch bald entfernt

Der Bürgermeister Friedrich

Der Bürgermeister Friedrich
War insgesamt recht friedlich
Um nicht zu sagen niedlich
Doch war er auch recht niedrig

Was ihn gar bös erhitzte
War wenn da jemand witzte

Von Haus aus war der Friederich
Nicht mal ein bisschen liderlich
Gelegentlich anbiederig
Aber zum Glück nicht widerlich
Doch Humor, der fehlte
Was er niemals verhehlte

Manch andrer als der Friedrich
Sah das unterschiedlich
Suchte Grund für Streit
Zu beinahe jeder Zeit
So gab es viele Klagen
Das kann man schon so sagen
Das örtliche Gericht
Erhielt so viel Gewicht

Er war so schrecklich unbeliebt
Wie es das nur selten gibt
Und dauernd vor Gericht
Das ertrug er nicht

Es machte ihn ganz kirre
Der Friedrich wurde irre

Nun war der Bürgermeister
Ein großer Fan von Kleister
Klein-Friedrich kam und klebte
Weil er Unheil erlebte
Das sich nun angestaut
Die Türen vom Gericht
Dick mit Kleberschicht
Zu und lachte laut

Seine kleine Größe
Gab ihm zwar etwas Blöße
Doch kleisterte er munter
Die Türen rauf und runter
Er wurde bald schon weggebracht
Und hat dabei gar sehr gelacht

Trotz Mangel beim Humor
Kam ihm das alles lustig vor

Des Nachts

Der Mond am Himmel nur halb voll
Ich dafür wohl eher ganz
So bittet mich der Weg nach Haus
Für heute noch zum letzten Tanz

Nehm ich ein Taxi?
Fährt ein Bus?
Die Welt dreht sich um mich herum
So schnell, dass ich mich halten muss

Bin lange keine zwanzig mehr
Der Kater wird mir lange bleiben
Der Nebel heute dicht wie ich
Manches kann man nicht vertreiben

Müdigkeit plagt mich gar sehr
Es war schon lange Zeit zu gehen
Ich muss jetzt schnellstens in mein Bett
Es ist schon fast viertel nach zehn

Früher war der Rausch ganz gern
Versteckt im allerletzten Bier
Heute find ich ihn so früh
Dass ich mich beinahe genier

Versink nur rasch im Selbstmitleid
Zieh mich am Haarschopf wieder rauf
Mit dem Münchhausen-Lügenmann
Nehme ich es grad noch auf

Der Mond am Himmel nur halb voll
Der Abend wenigstens war toll
Jetzt bitte ich den Weg nach Haus
Dass er zu mir kommen soll

Eingeständnis

Ich habe durchaus meine guten Seiten
Doch eines kann man nicht bestreiten
Man braucht in meiner Nähe jederzeit
Schon ein starkes Mindestmaß
Witzebeständigkeit

Rätsel

Die Lösung ist Sieben doch was war die Frage?
Sie ging verloren, wenn ich es doch sage
Liegt im Nebel der Rätsel versteckt
Mensch weiß schon nicht mehr, was sie bezweckt
Ging es um Todsünden oder um Zwerge?
Sieben gar schwer zu passierende Berge?
Sieben Brücken, die es gilt zu begehen?
Sieben helle Jahre zu überstehen?
Weltwunder die gar wunderlich sind?
Sieben Wochentage kennt jedes Kind.
Etwas zu trinken, sieben Tage lang?
Das siebte Jahr samt Trennungshang?
Ein Geheimagent auf der Jagd nach den Dieben?
Das wäre in dem Fall ganz klar 007.
Nichts davon schien richtig und doch alles fast,
Keine Frage hat zu dieser Lösung gepasst.

Nach langer Suche fand man dann doch noch ganz klar
Was das passende Rätsel einst war:

In welchen Gefäßen Leute die sehr gern äßen
Ihre Nudeln abseihen, vom Wasser befreien,
Das Mysterium ist da ganz häuslich geblieben
Denn alle die Pasta mit Pesto so lieben
Die tun das, so steht es und stand es geschrieben
In Sieben.

Vor Gericht

Ein Gedicht stand vor Gericht
Drum herum betroffene Gesichter
Ich war es wirklich ehrlich nicht
Sagte es dem Richter

Der Vorwurf war es habe
Mitsamt lyrischer Gabe
Und reimvollem Gehabe
Ganz ohne Genehmigung
Zu Frohsinn angeleitet
Und Heiterkeit verbreitet

Das hab ich nicht gemacht
Erklärte das Gedicht
Gar niemand hat gelacht
Gar niemand, wirklich nicht

Sie verzogen das Gesicht
Nicht voll Spaß und Lachen
Solch verpönten Sachen
Nur vor Ärger abgestoßen
Von meinem schweren Themenkern
Humor verbreiten liegt mir fern

Kein Limerick ist mir entweicht
Ich bin auf Schwermut nur geeicht
Humor ist gar nicht eingeplant
Kein Kalauer mir jemals schwant

Dass hier auch ja bloß keiner lacht
Hat mein Autor sich gedacht

Das Gedicht ging straffrei aus
Lief ernst aus dem Gericht heraus
Gar kein bisschen heiter
Und ein Stück noch weiter

Dann brach es plötzlich in ihm los
Ungestüm und zügellos
Es lachte laut von Herzen
Vollgepackt mit Scherzen
Witzen und unreinen Reimen
Es hielt sich kaum noch auf den Beinen

Es wurde schließlich inhaftiert
Da hat's vor Lachen nur gewiehert
Aus seiner Zelle laut hinaus
Brüllte es zum Wärtergraus
Noch lachend Schüttelreime raus

Ein Bewerbungsgespräch

Der alte Herbert ist nervös
Als wäre ihm ein Zahn kariös
Als plagte bös ihn ein Abszess
Angespannt und hart im Stress

Wollte diesen Weg einschlagen
Was wird man ihn hier heut wohl fragen?
Im Gespräch hier als Bewerber
Sein Sodbrennen brennt nur noch derber

Sein Gegenüber fragt drauflos
Die Aufregung bei Herbert groß
Die Knie schrecklich butterweich
Haben Sie Erfahrung in diesem Bereich?

Nein, nein, ein Henker war ich nie
Sagt Herbert, ohne Fantasie
Doch lern ich schnell und habe Kraft
Da wird sicher viel weggeschafft

Bin zu allem stets bereit
Schaffott zu jeder Jahreszeit
Strick? Guilloutine? Sicher, gern
Zur Not auch mal ein Morgenstern

Der Personaler nickt und schreibt
Und fragt was noch zu fragen bleibt

Wie sieht's mit ihren Stärken aus
Und Schwächen, was ist da ein Graus?

Herbert lobt sein starkes Händchen
Verschwiegenheit und auch ein Quäntchen
Spaß am Tun, wie er es meine
Schwächen, sagt er, hat er keine

Das Gespräch ist fast zuende
Schwitzig sind des Herberts Hände
Eine Frage noch, die stellt er
Wieviel Geld, pro Kopf, erhält er
Und, etwas weniger gewiss
Man sieht, Herbert, er muss sich schämen
Wie steht es mit dem Home-Office?
Kann man Arbeit auch nach Haus mitnehmen?

Der Personaler, er schaut seltsam drein
Dann lacht er und antwortet "Fein ...
Sie find' ich witzig, Sie stellen wir ein"

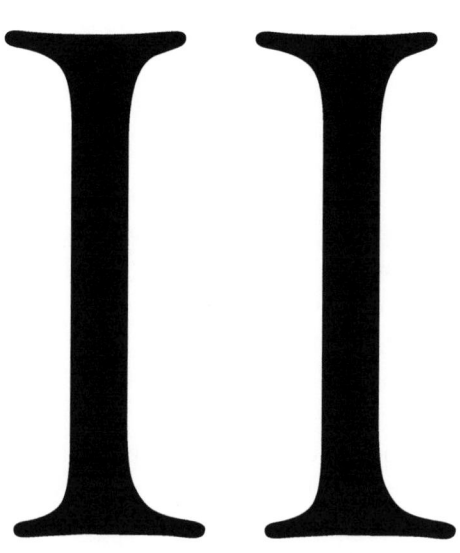

Eissaisoneröffnung*

Früher war nicht alles besser
Früher war nicht alles gut
Ich war schon da ein guter Esser
Genießen lag mir tief im Blut

Und es wurde endlich wärmer
Und es wurde endlich heiß
Eine Mark und zwanzig Pfennig
Kostete die Kugel Eis

Und da standen wir nun Schlange
Die erste Sonne im Gesicht
Standen nicht besonders lange
Vorbei nun endlich der Verzicht

Und nach dem früher kam das später
Es wurde Zeit fürs Abitur
Danach war mancher Kopf verdrehter
Neuer Ort, alte Frisur

Und auch hier wurde es wärmer
Und auch hier wurde es heiß
Schwitzen hier im Großstadtsumpf
Ein Euro für die Kugel Eis

Und da standen wir nun Schlange
Die erste Sonne im Gesicht
Standen nicht besonders lange
Mit schon etwas mehr Gewicht

Jahre sind seither vergangen
Viel Erinnerung, die bleibt
Gedankenfutter überall
Das mir meinen Kopf umtreibt

Von Jahr zu Jahr scheint es noch wärmer
Oftmals überraschend heiß
Menschen riechen intensiv
Eins Fünfzig für die Kugel Eis

Und da stehen wir in der Schlange
Die warme Sonne im Gesicht
Anstehen muss man manchmal lange
Aufs Eis verzichten will ich nicht

Frustrezept

Es fällt mir schwer meine Gefühle zu beschreiben
Bei Worten einfach nur zu bleiben
Vielfältige Emotion
Schlieren davon kennst du schon

So viel hätte ich zu sagen
Finde nur die Worte nicht
Will darum heute etwas wagen
Als Rezept und als Gedicht

Man nehme einen Eimer Hass
Bestreue ihn mit etwas Wut
Tauche ihn ins kühle Nass
Tief und kalt wäre hier gut

Erst gut würzen, mit Bedacht
Dann mit dem Fleischhammer verhauen
Welch Werkzeug euch sonst Freude macht
Müsst ihr von Fall zu Fall dann schauen

Jetzt den Hass mitsamt Verachtung
Erhitzen über'm Einweggrill
Darauf noch Frust aus frischer Schlachtung
Etwas Nelke wenn man will

Dann mal zwischendurch probieren
Nähert euch dem Garpunkt schon
Mit etwas Frust dann warm servieren
Meine kleine Emotion

Fußzehenkraft

Es war Nacht, die Straße schwach beleuchtet
Sie glänzte noch vom Regen leicht befeuchtet
Melinda lief gerade heim
Heute sollte es nicht sein
Die Schultern, die hingen
Der Kopf noch beschäftigt mit anderen Dingen
Samt blauen Unteraugenringen
Frisch getrennt und schwer genervt
Die Wahrnehmung dadurch entschärft

Da rempelte ein fremder Mann
Sie ganz unerwartet an
Melinda hielt ihr Gleichgewicht
Stürzte trotz des Schreckens nicht
Da zerrte plötzlich wie ein Tier
Dieser Typ mit Kraft an ihr
Zu seinem großen Auto dort
Zog er sie gewaltsam fort

Melinda war sportlich, man sah's ihr nicht an
Drum als ihr da langsam zu dämmern begann
Was hier so unerwartet passierte
Kam es, dass sie mit viel Wut reagierte
Sie riss sich los
Und ganz famos
Trat sie grob in Richtung Schaft
Mit kalter geballter Fußzehenkraft

Der Drecksack fiel und wimmerte
Und Melinda selbst die zimmerte
Ihm noch eine mit aller Gewalt
Als jammernd er dasaß auf dem Asphalt
Fand Sie bevor Sie die Polizei zu sich rief
In ihrem Pechtag in sich ganz tief
An seinem Jammern ein klein wenig Genuss
Und trat nochmal nach mit dem anderen Fuß

Über mich

Mit mir ist nicht gut Kirschen essen
Weil ich Kirschen nicht so mag
Mit mir kann man gut Kräfte messen
Seit ich eine Waage hab
Ich wurde schon mal mit dem Goethe verglichen
Das ist nun schon eine Weile her
Der Vergleich, der hat damals ergeben
Ich bin fast einen Kopf größer als er
Mit mir kann man nie Pferde stehlen
Wegen meiner Allergie
Und auch sonst fehlt mir der Hang
Zur Säugetierkleptomanie
Ich hab den Bogen überspannt
Und da ist er gerissen
Ich blutete nun an der Hand
Fürs Geige spielen beschissen
Bin in Fettnäpfchen getreten
Wer stellt Butter auch dahin?
Versuchte einen Quantensprung
Kein Energiegewinn

Um den Tag doch noch zu retten
Malt ich den Teufel an die Wand
Kein Talent da für Graffitis
Nicht mal ein Spatz in meiner Hand
Wollte so recht bei mir bleiben
Ich konnt ihm nicht das Wasser reichen

Auch die Taube auf dem Dach
Sah das als recht schlechtes Zeichen

Es durchfuhr mich wie ein Stich
Ideen waren es leider nicht
Im Auge mir ein Dorn
Schreibblockade schmerzt auf Dauer
Warf die Flinte in das Korn
Der Bauer der war Sauer

Die Schlechten ins Köpfchen
Ins Töpfchen die braven
Hab Schäfchen so ich lautstark gezählt,
Der Hirte schimpfte zornesrot
Da bin ich eingeschlafen

Filterblasenschwäche*

Huch, mir ist da was passiert
Ich hab mich gleich gar sehr geniert
Ui, mir ist da was geschehen
Unanständig anzusehen
Ein wenig ist mir da entfleucht
Aus meiner Filterblase
Das hat mich eilig aufgescheucht
Und rümpfte mir die Nase

Abends spät am Kneipentisch
Hat wütend und ganz ärgerlich
Ein mir guter alt Bekannter
Hier mal eben Ulf genannter
Während er ein Bier verzehrt
Frustvoll lautstark sich beschwert
Mit Hass und Idiotie verziert
Verschwörungstheoretisiert
Klar lautstark zu Streit bereit
Zu seiner besten Sendezeit

Was er da sprach das fand ich dumm
Und lachte mich in Bögen krumm
Und ich fragte mich darum:

Was kann man da wohl machen?
Was wären gute Sachen?

Nun bin ich Fan der Wissenschaft
Und der wunderbaren Kraft
Von klarer Argumentation
So mühte ich mich ohne Hohn
Nicht uninteressiert zu klingen
Meine Punkte vorzubringen
Doch das hat leider nichts gebracht
Ulf hat leider nur gelacht

Danach hab ich mich kurz bemüht
Wo lautstark ihm die Hutschnur glüht
Ihn ein wenig aufzuziehen
Mit den abstrusen Theorien
Was Bill Gates für Chips uns spritzt
Wo die Weltregierung sitzt
Was die da oben alle planen
Und wer hier wo in welchen Bahnen
Im Geheimen alles lenkt
Was der Ulf eben so denkt
Witze hab ich da gemacht
Ulf hat keineswegs gelacht
Nein, er wurde stinkig sauer
Ich sei ja wohl ein ganz ein schlauer
Nur primitiv stets informiert
Das hat mich dann doch provoziert

Hab seine Theorien genommen
Sie im Geiste kurz geronnen
Meine Fantasie benetzt
Und prompt halt einen draufgesetzt:
Bill Gates? Quatsch, der will uns doch schützen
Will frisch verimpfte Chips benützen
Um einen Schutzwall aufzubauen
Für Männer und klar auch für Frauen
Der Rest ist nicht nur mitgemeint
Alle Menschen sind vereint
In seinem großgenialen Plan
Gegen den schier irren Wahn
Seiner realen Antagonisten
Einer Gruppe von Faschisten
Aus Ultra-Waschbären formiert
In Zoos diese nun residiert
Ein Netzwerk das die Welt umspannt
Das ist wirklich allerhand
Wo sie planen, Klauen wetzen
Und gegen uns als Menschheit hetzen
Heimlich alles infiltrieren
Mit Waschbärpower infizieren
Und das Weltgeschehen lenken
Das gab Ulf dann echt zu denken
Was ich da vor mich hin geschwurbelt
Hat mir die Laune angekurbelt
Er ging nur nachdenklich heim
Der Abend könnte schlimmer sein.

Ich kann nicht buchstabieren

Wie so oft am Telefon
Gilt es nun ein Wort zu sagen
Weil Leute wirklich lange schon
Häufiger mich Dinge fragen

Das Wort - das war in diesem Sinn
Die Erklärung wer ich bin
Eigentlich ganz ohne Dramen
Schließlich kennt man seinen Namen
Doch die Frau verstand mich schlecht
Das schien mir äußerst ungerecht
Es blieb nichts als mich zu genieren
Dass Blässe mir ins Antlitz kroch
Ich musste hier wohl buchstabieren

W wie Wilhelm - das ging noch
I wie... also... Igelsohn
Die Frau kicherte leise schon
L wie Leopardenfrau
H so wie das Himmelblau
E wie Emil, krieg ich hin
L wie Lieblingsspinnerin
M wie Mondflugastronaut
Die Frau, die lachte nun sehr laut

Und wieder mal musst' ich kapieren
Ich kann einfach nicht buchstabieren
Nicht so wie beim Militär

Mein Unfugzentrum ist zu sehr
begeistert von den Möglichkeiten
Da lass ich mich sehr schnell verleiten
In Zukunft sag ich vielleicht dann
Schlicht: Mein Name ist Max Mustermann.

Impfdurchbruch

Mir ist ein Durchbruch gelungen
Im Bereich der Medizin
Der immer gar so fremd mir schien
Ein Jubelschrei ist nicht erklungen

Husten und Fieber greifen mich an
Selbst Duschen zu gehen scheint schon zu schwer
Doch weil ich auch nichts mehr riechen kann
Stört immerhin das mit dem duschen nicht mehr

Pandemie wie nie

Ein Meer an Müdigkeit
macht sich in mir breit
Bin die Coronazeit
Über die Maßen leid

Quer statt queer denken die Straßen
Informiert uninformiert
Zum Glück noch nicht uniformiert
Bin es leid über die Maßen

Ich will wieder Konzerte sehen
Im Meer der Menschenmenge stehen
Ohne Maske, ohne Sorgen
Hat sich das Virus hier verborgen?

Sind Schule/Kita morgen auf?
Was macht der Infektionsverlauf
Wie ist das Infektionsgeschehen
Ist ein Ende abzusehen?

Will unbeschwert im Kino sitzen
In der Saunahitze schwitzen
Bei Kabarett und Comedy
Live lachen über Ironie

Und sage mir mit letzter Kraft:
Ich hoffe bald ist es geschafft

Mussdürfsollkönnen

Muss ich alles was ich darf
Darf ich alles was ich soll
Darf man echt so vieles müssen?
Macht das mich wertvoll und toll?

Soll ich alles was ich kann
Darf ich alles müssen können
Jeder Tag voll Plackerei
Was darf ich mir denn da noch gönnen

Muss ein Mann für immer tun
Was ein Mann so tun muss
Vom allerersten Atemzug
Bis hin zum allerletzten Kuss?

Muss ich Bäume bauen, Häuser pflanzen
Wann stehe ich mal endlich still
Haushalt, Auto und Finanzen
Muss ich immer alles müssen was ich will

Wie lang kann ich was ich muss
Wie lang muss ich was ich kann
Von jetzt für immer und zu Fuß
Wenn nicht jetzt - wann aber dann?

Jeden Tag und jede Nacht
Tausend tolle Sachen gibt es überall zu sehen

Manches muss man dürfen sollen
Bleibt aber dabei niemals stehen

Wann bin ich mir einmal genug
Wann immer ich was neues kann
Wächst weiter in mir Zug um Zug
Der Anspruch munter weiter an

Ich muss, ich darf, ich soll,
und kann manches ganz wundervoll
Und muss dann eben halt
Dann werd ich wohl auch bald

Keine Ruhe nach dem Sturm
Die Unruhe bleibt riesengroß
Keine Zeit für noch mehr Reime
Hingeworfen, schnörkellos
Früher Vogel, früher Wurm
Muss dann mal zur Arbeit los

Wendehals*

Geht's ums Thema Tierezüchtung
Irrt man manchmal in der Richtung
In der Mensch sich ausprobiert
Und Mal um Mal dabei verliert
Vom Forscher Jakob Henry Kehlen
Will ich deshalb jetzt erzählen
Manches ist da nicht so smart

Die neueste Giraffenart
Dient in voller Größe mir
Von nun an jetzt als Beispiel hier
Ein Upgrade wurde der gegönnt
Nur hat der Jakob da verpennt
Praktisch mal zu überlegen
Ergibt das wirklich Sinn von wegen
Ist das ethisch zu vertreten
Hat da jemand drum gebeten
Was passt zum Tier mehr als passabel
Falsch wär ein extra langes Kabel
Da wird das Tier zur Funkantenne
Er hat das dann auch eingesehen
Konnte das Problem verstehen
So wie die allerneueste Henne
In die der wirklich schlaue Mann
Der gerne zeigt was er so kann
Eine Bassbox eingebaut
Das Huhn gackerte schrecklich laut
Jakob hat es eingesehen
Konnte das Problem verstehen

Für die Giraffe war sein Plan
Ganz modern groß aufzufahren
Ein Wendehals wird ihr zuteil
Ein richtig super nices Teil
Dreht sich jetzt in voller Fahrt
Um dreihundertundsechzig Grad
So kommt das optimierte Tier
An Blätter überall ran schier
Das wird für sie superlecker
Ein Giraffenrundumschlecker
Nur leider ist sie voller Leid
Durch Schwindel und auch Übelkeit
Das arme Tier das leidet sehr
Würgt und windet sich noch mehr
Und wer vor langem Halse strotzt
Leidet lange wenn er kotzt
So muss er es sich eingestehen
Man macht das besser ungeschehen
Wie dieses Beispiel deutlich zeigt
Der Erfinder hat's vergeigt
Wollte ja niemanden quälen
Dieser Jakob Henry Kehlen
Jetzt erfindet er nur noch
Für jedes Sieb ein extra Loch
Nachfüllwasser für das Meer
Oder ganz neu: das Duftgewehr.

Schimpfangebot

Lieber Herr Nachbar, ich muss jetzt mal sagen
Ich bin nicht der Typ der schnell ist mit Klagen
Oder der sich mal eben zu leichthin beschwert
Und sich einen Dreck um die Nachbarschaft schert

Allein Ihre ständige Rücksichtnahme
Und diese schreckliche schallgedämpft lahme
Furchtbare Art Ihren Rasen zu mähen
Geht echt nicht gut aus, Sie werden schon sehen
Die Musik nie zu laut und auch kein freches Wort
Beteiligen sich gern in Vereinen im Ort
Respektieren hier jeden der dörflichen Masse
Ich kann echt kaum sagen wie sehr ich sowas hasse

Nie zu spät hört man Lärm, niemals je aufgewiegelt
Kein Fleck auf der Kleidung, stets völlig geschniegelt
Ich sag Ihnen, jetzt ist ein Punkt hier gekommen
Da wird sich aber mal richtig benommen
Sie benehmen sich jetzt hier mal endlich daneben
Sonst schwöre ich werden Sie echt was erleben

Wenn sich mein Frust hier nicht bald abbauen lässt
Sowas hasse ich sieben mal mehr als die Pest
Dann fang ich zur Strafe an Ihnen Geschenke zu
machen
So ganz unnütz gigantische hässliche Sachen
Und weil Sie so bemüht durch Ihr Leben hier gehen
Müssen die dann ganz klar auch im Garten hier stehen

Ich werd mich auch oft auf nen Kaffee einladen
Das würde ganz sicher Ihrem Ansehen schaden
Reiche zur Wahl Ihren Namen noch ein
Dann werden Sie gar Bürgermeister hier sein

Und ich kann Ihnen aus Erfahrung nur sagen
Sowas ist hier nicht sehr leicht zu ertragen
Drum seien Sie artig, betragen sich schlecht
Diese Drohung ist vielleicht nicht sehr nett, doch
gerecht
Irgendwer muss ja für Ordnung hier sorgen
Ich komm kontrollieren, vielleicht ja schon morgen

Manfred

Manfred eine muntre Maus
Kam kaum aus seinem Loch heraus
Denn da lauerte die Katze
Mit der blitzend scharfen Tatze
Rief Manfred zu: Ich werd dich fressen
Das darfst niemals du vergessen
Schrie dem kleinen Manfred nach
Der Schrei drang bis ins Schlafgemach
Eines frühen Tages war es
Ganz urplötzlich da geschah es
Manfred trug ein Butterbrot
Hatte wirklich Müh und Not
Das Brot schnell in sein Loch zu tragen
Da hörte er die Katze sagen
Zum gefühlt fünfzigsten Mal
Ich fress dich gleich mit großer Qual
Ich werde dich jetzt futtern
Und vorher gründlich buttern
Und Manfred voller Müh und Not
Wurde schon so oft bedroht
Nahm Konsequenz diesmal in Kauf
Und gab ganz schlicht und einfach auf

„Dann komm mal eben ran
Wenn nicht jetzt wann dann"
Sprach er die Katze an
Setzte sich aufs Butterbrot
Und erwartete den Tod

Doch die Katze kam gar nich
Da durchfuhr's den Mäuserich
Die Katze ist in all den Jahren
Wohl ganz gut mit Wörterscharen
Umgegangen - kam jedoch
Niemals nah ans Mauseloch

Er fragte laut mit etwas Frust
Katze hast du keine Lust?
Bin ich als Hauptgang einerlei?
Mit lecker Butter noch dabei?

Die Katze zuckte nur gequält
Ich hab das niemandem erzählt
Doch Maus schmeckt super ekelhaft
Und mir fehlt jetzt im Alter Kraft
Reaktionszeit und auch Schnelle
Schaff es kaum zur Futterstelle

Da hat der Manfred nur gelacht
Der Katze lieb sein Brot gebracht
Sie haben freundlich dann geteilt
Ihren alten Zwist geheilt
Und sind fortan nun Freund statt Feind
Weil ihnen das geschickter scheint

Der Eichhorn

Ein Eichhörnchen gar winzig klein
Wollte nicht mehr niedlich sein
"Ihr müsst mich endlich anerkennen
Mich nur Eichhorn ab jetzt nennen"

Trug jetzt nen kleinen Helm aus Stahl
Scherte sich den Schwanz ganz kahl
Bemühte sich zu unterwerfen
Seine Macht in Glanz zu schärfen

Seit Jahren rang er mit Problemen
Grund für ihn um sich zu schämen
Erinnerung blieb ihm nicht lange
Machte es ihm Angst und Bange
Wenn die Synapsen nix hergaben
Wo war seine Nuss vergraben?

Nun wo er Diktator war
Verringerte sich die Gefahr
Jetzt konnte er Ameisen zwingen
Ihn immer zum Versteck zu bringen
Es sich zu merken alle Zeit
Doch sie waren nicht bereit
So sehr er schrie, so sehr er tobte
Keiner Tat was, und gelobte
Ihm Gehorsam, grauenhaft
Den Eichhorn verließ seine Kraft

Um wieder stärker bald zu sein
Fiel ihm ein Gedanke ein
Er könnt wie Menschen, diese weisen
Fleisch von nun an doch verspeisen

So nagte bald der Eichhorn-Mann
Allerorten Tiere an
Biss in einen kleinen Hasen
In ein Reh gerad beim grasen
Knabberte an Kühen auch
Und biss in einen Marderbauch

Für sein ganzes Rumgestresse
Bekam er übelst auf die Fresse
Ganz im Ernst und nicht zum Schein
Sah's der Eichhorn endlich ein:

Man schafft im Leben manches Werk
Erlebt manch Tal und manchen Berg
Es bleibt am Ende nur zu raffen:
Es kann nicht jeder alles schaffen
Wesen sind gar unterschiedlich
Da wurd' der Eichhorn wieder niedlich

Ein Bär in Brandenburg

Der arme alte graue Bär
Der hatte es ganz zottelschwer
Saß in Brandenburg im Wald
Und wurde nun so langsam alt
Dachte manchmal an den Zoo
Aus dem er schon vor Jahren floh
Froh die Freiheit zu gewinnen
Ein neues Leben zu beginnen

Nie wieder im Käfig sitzen
Wo die Fotos ständig blitzen
Menschen mampfend vor dir stehen
Nur um dich mal anzusehen
Eingesperrt bei Tag und Nacht
Und dabei meistens gut bewacht

Doch was ihm fehlte, er vermisste
Diese ganze Futterkiste

An Fleisch und Honig sich zu laben
Niemals Hunger je zu haben
Mollig warm im Bärenhaus
Die Kälte hier war ihm ein Graus

Er konnte wirklich nicht zurück
Doch vorwärts ging es auch kein Stück
Wie ging der Weg, war es noch weit?
Was tun mit letzter Lebenszeit?

Er könnte einen Nazi snacken
AfD-Wähler erschrecken
Draußen vor dem Wahllokal
Doch sein Rücken war ne Qual
Und Nazis wohl wie Leder zäh
Er hielt sich fern der AfD

Was stand ihm noch an Wegen frei
Singen ganz wie Reinhard Mey
Er könnte ein Gelehrter sein
Schlauer als so manches Schwein
Einen eigenen Zoo aufmachen
Mit lauter tollen Bärensachen
Doch das war alles viel zu schwer
Ein alter Bär kann das nicht mehr

Es hat nicht alles seinen Sinn
Wo konnte er als nächstes hin
So grübelte in dunklen Stunden
Der Zottelbär ganz unumwunden

Lange hat er nachgedacht
Und es hat ihm nichts gebracht
Schließlich dachte sich der Bär

Ach, schöner wär's wenn's schöner wär
Doch er nahm es nicht so schwer
Manchmal geht eben nicht mehr
Und so fand er in sich Frieden
Und ist entspannt dahingeschieden

Nur die Moral von dem Gedicht
Die versteh ich selber nicht

Schwan-Intelligenz

Ein Rudel Schwäne, eine Herde
Schlauer als die schlausten Pferde
Suchte einen Grund zu lachen
Beschloss drum einen drauf zu machen

Heut feiern wir ein Schwanenfest
Sieh, da liegt vom Brot viel Rest
Das gern den Enten wird gegeben
Tag für Tag ihr ganzes Leben
Hingeworfen ungezwungen
Von den Alten und den Jungen
Einem Schwan kam ne Idee
Er nahm das Brot und dann - Oje

Bewarf er Rentner mit dem Brot
Mit Geschick, ganz ohne Not
Warf er das Brot schnabelweise
Auf die Menschen mal als Speise

Wir wollen mehr wie die Menschen sein
Fiel es den schlauen Schwänen ein
Müll verteilen, andere stören
Versuchten sich in Fußballchören
Das bringt Glück, dachten sie schlicht
Aber all das reichte nicht
Wir wollen mehr als laut krakeelen
Kommt, lasst uns Klamotten stehlen

So liefen sie zu den Geschäften
Und bedienten sich nach Kräften
Schon bald trug man am weißen Hals
Wunderschöne Kaschmirschals
Lange Kleider und BHs
Der Anblick war ein großer Spaß
Den keiner wirklich angeschaut
Nur die Kinder lachten laut
Den Schwänen schwante nichts als böse
Tapsten mit lautem Getöse
Erstmal zu den Badesachen
Der Anblick war noch mehr zum lachen
Zogen Taucherflossen über
Dann ging es zu den Schnäpsen rüber
Einem Schwan kam ne Idee
Verteilte Uzo und - Oje

Die Schwäne drehten völlig hohl
Quakten Anton aus Tirol
Erst schunkelten, dann kotzten sie
Bis es im ganzen Laden spie
Der Uzo fraß das Schwanenhirn
Die Schwäne in all ihrem Zwirn
Schämten sich für ihr Benehmen
Und ließen sichs sogleich nicht nehmen
Zu ihrem Teich zurückzukehren

Mensch sein echt in allen Ehren
Aber ihnen war jetzt klar
Dass das nix für Schwäne war

Notbremse

Die Bremse bremste in der Luft
Trug ihre schickste Bremsenkluft
Doch das arme liebe Vieh
War so unruhig wie noch nie
Sah tief in ihrer Psyche rot
Ihre unglaubliche Not
Waren große Wissenslücken
Was trennt zum Beispiel mich von Mücken?
Wer von uns beiden lebt den größeren Fun?
Es kommt ja nicht nur auf die Größe an

Bin ich mit allen meinen Faxen
Den Bremsenaufgaben gewachsen?
Was hier nur tun mit meiner Zeit
Dieser öden und schnöden Eintönigkeit

Ich wäre so gerne
Weit in der Ferne
Ganz elegant
Ein Elefant
Mit Elfenbeinen an den Wangen
Was könnte ich da mit meinen Tagen anfangen
Ich speiste so gerne
Mal Pistazienkerne
In der Sonne am Meer
Das Blut nervt mich sehr
Tagtäglich zu trinken

Die Menschen, die stinken
Falls ihr es nicht wusstet
Die Bremse war schwerstens gefrustet
Von Langeweile erfasst
Das Leben verhasst
Sie wünschte sich mehr exotik im Leben
Und manchmal da mag es ja Glück durchaus geben

Es dauerte lange
Unzählige Stunden
Doch die Bremse nicht bange
Hat ne Lösung gefunden

Die und das ist wunderbar
Für sie auch umzusetzen war

Hält sich weit ferne vom Menschenniveau
Fliegt ihre Runden jetzt im Zoo
Trinkt Blut aus aller Herren Ländern
Von Erdmännchen, Schlangen und Vierzehnendern
Tigern und zahlreichen anderen Tieren
Und endlich kann die Bremse Erfüllung verspüren

Tiere im Zoo

Der Hamster der betrat den Zoo
Schöner war es nirgendwo
Dort lebten Menschen in Büros
Viele Arten, ganz famos
Im nachgebauten Lebensraum
Für den Hamster echt ein Traum

Sie wurden mit viel Platz gehalten
Durften Vorgänge verwalten
Abheften und auch kopieren
Manchmal sogar kopulieren

Manche hatten eigene Räume
Verwirklichten dort ihre Träume
Stempeln, Faxen auch sogar
Menschenzoos waren wunderbar

Da vorne, dort am Wasserloch
Waren immer Menschen doch
Oft gab's Streit oder Intrigen
Legten Handtücher auf Liegen
Markierten lautstark ihr Revier
Manche tranken sogar Bier
Da kam es gern zur Prügelei
Der Hamster liebte das Geschrei
Wenn da schnell eine Wunde klaffte
Er stand hier gern am Zaun und gaffte

Blieb Hieb um Hieb voll mit dabei
Hörte das Menschengeschrei
Was die da so alles riefen
Fielen dann oft um und schliefen
Ganz ohne Fell voll blauer Flecken
Das Schaf blökte um sie zu wecken
Ein Stück weiter auf der Brücke
Stand und gaffte auch sein Lamm
Rief immer wieder "Mach Kunststücke"
Dem Menschen zu der unten schwamm

Der Hamster sah all das und lachte
Hatte jetzt genug gesehen
Wollte heut noch Pumpen gehen
Was ein Hamster halt so machte
Und dabei dachte
er dann im Hamsterrad im Dauerlauf
Menschen sind schon ulkig drauf

Der Emo-Schmetterling

Ein süßer kleiner Schmetterling
War ein wunderliches Ding
Immer zornig, übellaunig
So wütend auch noch, ja da staun ich
Ein Emo wollte er gern sein
Musik und Laune schwer wie Stein
Lackierte sich die Flügel schwarz
Mit Abgasen aus Flugzeugstarts
Blickte immer finster drein
Kein Lachen und kein Sonnenschein
Er war nicht mehr zu retten
Behängte sich mit schweren Ketten
Ein süßer kleiner Schmetterling
War ein wunderliches Ding
So ist er trotz seiner Vorlieben
Am Boden stets geblieben

Ein animalisches Problem

Eine Geschichte fällt mir ein
Ein Kranich darin wäre fein
Als Hauptfigur, als Supertier
Nur ein paar Infos fehlen mir
Wo ist deren Lebensraum?
Welcher Mampf der Mittagstraum?
Könnte Googlen oder Bingen
Vielleicht auch in den App-Store springen
Kranich-Profi-Apps probieren
Kraniche gründlich studieren
Voller Kranichwissenskraft
Und Kranichmetawissenschaft

Doch ich mag nicht recherchieren
Bei meinen Texten zu den Tieren
Wenn manchmal mir Begriffe fehlen
Um noch prägnanter zu erzählen
Muss die Geschichte stets dran glauben
Schreib ich halt wieder über Tauben

Hasengeschichten

Der Hase rieb sich flugs die Nase
Was hatte er da nur gefressen?
Schon dabei es zu vergessen
Seltsame Beeren, klein und rund
hart und bunt - sicher gesund
Ein Zeichen war auch drauf gewesen
Leider konnte er nicht lesen
Vom Mensch gemacht, sich reingezogen
Was war es nur? Es waren Drogen

Fühlte sich wie ein Genie
Ein Hasenheld, so groß wie nie
In bunten Farben alle Welt
Mittendrin der Hasenheld
Er torkelte so durch den Wald
Voll entspannt und wohlgestalt
Entspannt wie niemals je zuvor
Von der Pfote hoch zum Ohr
Beschnupperte grad Blümchen flugs
Da entdeckte er den Fuchs

Zähne fletschen, Augen blitzen
Der Hase blieb da erstmal sitzen
Von dreien gar war er umringt
Er spürte wabernd den Instinkt
Der ihm was zu sagen suchte

Doch der Hase? Ja, der fluchte
Nur und haute munter
Allen dreien eine runter

Wollte man dann käme man
Jetzt voll Moral hier aber an
Für oder auch gegen Drogen
Beides ginge - ungelogen

Der Hase sitzt jetzt selbstzufrieden
Und von Füchsen stets gemieden
Doch sieh mal wie er sabbert
An ner dünnen Möhre knabbert
Voll Kopfschmerz ihm der Schädel dröhnt
Kalter Entzug, der ihn verhöhnt
Moralisch unklar - mag er nicht
Auch kein Geräusch und kein Gedicht
Er wird sich schon zusammenraufen
Es könnte bei ihm schlechter laufen

Frankensteins Tiere

Es lebt!, rief Meister Frankenstein
Welch Freude, ein Genie zu sein
Er nahm Kotelets und Bauch und Lende
Vom Schwein und dazu ohne Ende

Wurst und Hackfleisch für die Masse
Packte alles erster Klasse
In seine neueste Maschine
Mit wahnsinnig verzog'ner Miene

Legte er den Schalter um
Ein Klick, ein Klack, ein Surr und Brumm
Dann entstiegen daraus Tiere
Im Blick absurdes Rumgestiere

Zombieschweine, Zombiekühe
Schleppten sich mit aller Mühe
Durch die Gegend, durch das Land
Das war wirklich allerhand

Er wurde überall prämiert
Seine Brillanz mit Lob garniert
Frankenstein – der Meisterbauer
Doch das Glück war nicht von Dauer
Es fragte der Reporter Ken:
Was nützen diese Zombies denn?

Können gar nichts außer laufen
Langsam und in öden Haufen
"Nun Ken", sprach da der Doktor schlicht
"Das weiß ich ehrlich selber nicht."

Der Butterkutter

Es reisten einst auf einem Kutter
Ein Hamster und ein Klotz mit Butter
Die Butter die sich da befand
Diente nicht als Proviant
Sie war ein Freund und nicht zum nagen
In diesen langen schweren Tagen
Dem Hamster - er sprach oft mit ihr
So von Tierprodukt zu Tier
Der Kutter war ganz winzig klein
Für den Hamster grade fein
Kaum größer als ein Riesenzeh
So fuhr er auf dem Bodensee
Das hatte wirklich gut geklappt
Der Hamster hatte ihn geschnappt

Sein Käfig war leicht angebrochen
Und das nun schon seit vielen Wochen
So hatte er sich heimlich leise
Auf seine eigene hamsterweise
Durchgebissen, war getürmt
Aus dem Käfig rausgestürmt

Schnappte, was er da so fand
Was in der Küche vor ihm stand
Das war eben der Klotz Butter
Trug ihn als Vorrat für sein Futter
Hinaus zu einem kleinen Kutter

Den er dann auch eilends klaute
Als gerade niemand schaute
Ein kleines Spielzeugboot - nicht schlecht
Für den Hamster eben recht

Einsam war der Hamster nun
Und hatte leider nichts zu tun
Auf dem weiten See samt Butter
Auf dem klitzekleinen Kutter
Er paddelte sich so voran
Was fing er mit der Freiheit an?
Wollte von der Butter naschen
In die Hamsterbackentaschen
Doch hatte er sie lieb gewonnen
Von der Hitze leicht zerronnen
War sie sein einziger Begleiter
Er paddelte immer noch weiter

Kam eines Abends dann zurück
In sein trautes Käfigglück
Von der Reise sehr bewegt
Die Butter ins Kühlfach gelegt
Ohne Ärger, ohne Wut

Freiheit ist ein hohes Gut
Das reizvoll in der Ferne lacht
Nur hat der Hamster sich gedacht
Nicht jeder ist dafür gemacht

Flusenleger*

Niki hasst den Staubsauger
Hasst den Wischmop fast noch mehr
Denn sein Job wird ruiniert
Wenn man wischt, saugt und poliert

Der kleine Niki ist kein Tier
Seiner Gattung eine Zier
Ein Kobold ist er, ungezähmt,
Den nur die Ordnung selbst beschämt
Ein Störenfried, Ein Tunichtgut
Schabernack fließt ihm im Blut
Er arbeitet als Flusenleger
Verteilt fein Staub auf jedem Boden
Müllhochbringer, Stuhlansäger
Durchlöchert gründlichst neue Moden
Fensterbeschmutzer mit fettigen Händen
Sockenverstecker, MatschKünstler an Wänden
Duschenentputzer
Klamottenbeschmutzer
Auch Brautkleidgeklecker
GeschirrUmsortierer
Autobeschmierer
Und Spiegelverdrecker

Doch heute ist ein finstrer Tag
Denn die Familie wo er's mag
War lang genug von Frust gegrämt

Ob des Drecks schon auch beschämt
Kam einmal spontan Besuch
Dreck überall, als wäre es ein Fluch

Ein Paket kommt heute an
Mit einem Haufen Werbung dran
Und was ist im Paket nun drin?
Für Niki gar kein Zugewinn
Ein Roboter der Staub wegsaugt
Selber Dreck vom Boden klaubt
Mit Wasser noch den Boden putzt
Und garstig alles hier entschmutzt
Fährt leise rum von Raum zu Raum
Hinterher kommt Niki kaum
Beim neuen Dreck ganz schnell verteilen
Muss sich im Übermaß beeilen
Doch als das Ding ganz ungestört
Durch die Abstellkammer fährt
Reift ungeplant ein Plan heran
So schnell's im Kobold reifen kann

Aus der Kammer schnappt er sich
Einen kleinen Farbbottich
Füllt dem Roboter den Tank
Statt Wasser mit dem Lackgestank
Setzt sich auf den Roboter
Fährt freudig dann auf ihm umher

Der verteilt die Farbe gründlich
Bis wer heimkommt mehrfach stündlich

Niki kichert, gackert, lacht
Rote Streifen, Wundervoll
Präzise, dreckig, supertoll
Das hat er richtig gut gemacht

Rhabarber*

Erst war lange nichts
Dann zur Zeit des ersten Lichts
Entstand er - der Rhabarber
Doch was sein Sinn war wusste aber
Niemand weit und breit
Er vegetierte voller Neid
Jahrhundertelang vor sich hin
Auf der Suche nach dem Sinn

Sah Ägypter und Atzeken
Griechen und deren Kollegen
Von Sparta bis nach Bielefeld
Traf weithin auf der ganzen Welt
Fürsten, Könige und Kaiser
Doch er wurde niemals weiser

Dann traf er eine Barbara
Ach, wie wunderbar das war
Doch ihn plagte weiterhin
Seine Suche nach dem Sinn

Befuhr die Welt seit ihrer Wiege
Samt heißer und eiskalter Kriege
Mittelalter, Renaissance
Niemals sah er eine Chance
Selbst den Knappen und Vasallen
Ist kein Einfall eingefallen

Was als Sinn hier wohl gedacht
Des Rhabarbers Glück entfacht

Just zum Ende seiner Zeit
Hielt das Leben was bereit
Es ist wahr, was ich erzähl,
Er verliebte sich - in Mehl
Fand im Mehl sein Liebesglück
Wollte niemals mehr zurück
Hörte auf den Sinn zu suchen
Sie wurden schließlich dieser Kuchen

All das erzählt die Bäckerin
Sie zeigt begeistert vor sich hin
Wo puderzuckerweiß bedeckt
Ein Kuchenstück Begierde weckt
Die Schlange hinter mir wächst an
Ich bin schon viel zu lange dran
So herrlich ist die Kuchenzier
Meine Diät, sie ringt mit mir
Es ist ehrlich zum Haare raufen
Ich wollte doch nur Brötchen kaufen

Richtungsding

Für die Fahrt durch den Verkehr
Braucht man heute bittesehr
Ein Richtungsding zum Richtung weisen
Wer will schon noch mit Karte reisen?

Meins ist neu und schick verziert
Super personalisiert
Geb mein Ziel ein und fahr los
Am Anfang tönt es noch ganz groß

Jetzt links, da rechts, hier auf und ab
Hält mich beim fahren schwer auf Trab
Doch es zögert immer mehr
Stottert, murmelt auch gar sehr
Und mir kommt da ein Verdacht
Der leise Zweifel lauter macht

Biege ganz spontan nach links
Da grummelt laut das Richtungsdings
„Alter, ich hab rechts befohlen
Hab meine Zeit doch nicht gestohlen
Wenn ich rechts sag mein ich's auch"

Doch steht es ganz klar auf dem Schlauch
Meckert wütend ohne Sinn
Weiter lautstark vor sich hin
Woher Idioten wie ich stammen
Dann reißt es sich wohl stark zusammen

„Ich bin ja schon so jemand der ...“
Gesteht das Ding im Stadtverkehr
„... keine Orientierung hat“
Da bin ich erstmal ziemlich platt

Dann sag ich in mitfühlendem Ton
Ach, dummes Ding, du schaffst das schon
Such dir eine Richtung aus
Wir zwei machen das Beste draus

Glücksreisen sind doch modern
Und auch nichts Besseres im Kern
„Die nächste rechts?“, fragt es ganz leise
Und ich mache mich auf die Reise

Identitätskrise einer Bärchenwurst

Es war einmal eine Bärchenwurst
Die litt unter schmerzlichem Wissensdurst
Und schaffte es dort wo sie lag
Nun schon so manchen viel zu langen Tag

Als die recht nahe Kühlthekenwand
Sich mal spiegelnd und günstig im Blickfeld befand
Einen Blick auf ihre eigenen Wurstkurven zu werfen
Und den Blick dann noch so sehr maßgeblich zu schärfen

Um neben der niedlichen Bärchenform in Druckschrift zu lesen
Aus was sie dereinst produziert gewesen
Eine Bärchen-Schweinerei!
Der Bärchenwurst entfuhr ein gar schrecklicher Schrei

Oder wäre ihr entkommen
Man hätte ihn bis hin zur Kasse vernommen
Doch ein Schrei, der entfuhr ihr dann doch leider nicht
Dafür war der Bärchenmund wohl einfach zu schlicht

So gammelte sie sauer einfach so vor sich hin
Bis ein junger Mann sie mit nagendem Hunger im Sinn

Nicht bemerkend wie sie in der Packung verdarb
Ein paar Tage später so spontan erwarb
Sich nicht mal ein wenig über den Preis beschwerte
Und sie auch gleich sofort nun zuhause verzehrte

Und vom Geschmack sie augenblicklich danach
Auf seinen Echtpelzteppich erbrach
Und in all ihrer so seltsam zerkauten Wut
Fand das die Bärchenwurst dann doch wieder gut

Im Restaurant

Ich zahle die Rechnung
Bezahle mein Mahl
Die Höhe ist mir heute
Echt mal egal

Muss langsam los
Hab noch Termine
Der Zug wartet nicht
Für mich auf der Schiene

Ich spreche die Frau
Am Nebentisch an:
Was war jetzt genau
Mit diesem Mann

Von dem sie da eben
Gerade gesprochen
Und was war dem wo
Und weshalb abgebrochen

Und wer hat da jetzt
Ganz genau wen betrogen
Und warum wegen diesem
Schirm angelogen

Und was war das mit dem Po
Von ihrer Nichte

Welche Rolle spielt der
In dieser Geschichte?

Sie schüttet mir wütend
Ihr Getränk ins Gesicht
Ich gehe und denke
So schlecht schmeckt es nicht

Ich meine man darf doch
Ja wohl mal noch fragen
Es ist ja auch wirklich
Oft schwer zu ertragen

Und ich fühl mich
Stets völlig verkehrt
Wenn die Neugier
Keine Beruhigung erfährt

Wahlversprecher*

Es wird so viel versprochen
In den letzten Wochen
Es wird so viel versprochen
Und wird niemals gebrochen

Groß und breit wird plakatiert
Laternen mäßig gut verziert
Wo in kurzen catchy Phrasen
Sie Allgemeinplätze abgrasen

Deutschland wird mehr
Und total digital
Und das aber sehr
Nur ihr habt die Wahl

Wir? Wir tun was
Und das aber echt
Und mehr als die anderen
Die sind recht schlecht

Vielversprechend
Viel versprechend
Bis zum Erbrechen
Wahlversprechen

Die Versprechen sind häufig
So fürchterlich kläglich
Ich fürchte wir wählen
Demnächst einfach täglich
Und ob digital
Ist dann auch schon egal

Weisheit

Brautkleid bleibt Brautkleid
Und Blaukraut verdaut laut

Bierversuche

Das arme Bier, es war gefangen
Musste um sein Schicksal bangen
Es war ein Helles, gar nicht herb
Geschmacklich gut im Wettbewerb

Der Wissenschaftler hier im Raum
Prüfte eben noch den Schaum
Von einem kleinen Weizenbier
Er zitterte vor Wissensgier
Der Schaumzerfall wurde notiert
Das Bier sorgfältig temperiert

Dann war ein Pils als nächstes dran
Dem sah man seine Angst schon an
Er probte an ihm, zur Erfrischung
Eine Himbeersaftvermischung
Das Pils, es schäumte schwer vor Wut
Schmeckte aber scheinbar gut

Ein Radler wurde nun empirisch
In der Tasse und auch tierisch
heiß, im Selbstversuch sich eingeflößt
Der Forscher wirkte ganz gelöst
Doch geschmacklich unzufrieden
Mehr Hitze wurde drum gemieden

Er nutzte nun ganz nach der Norm
Edelstoff in seltener Form

Als Eiswürfel in seinem Gin
Wo kommen wir denn da nur hin?
Dachte sich das Helle leise
Ich glaub der Alte hat 'ne Meise
Was wird nur mit mir geschehen?
Es war schrecklich anzusehen
Wie im Versuch er sich verliert
Ein Kölsch im großen Glas probiert
Und Weißbier aus der Flasche schlürfte
Was man eigentlich nicht dürfte

Ängstlich stand das helle Bier
Ganz allein immernoch hier
Im Kühlregal und zitterte
Weil die Gefahr es witterte

Dem Wissenschaftler war dabei
Jetzt jedoch alles einerlei
In Arbeit allzu tief versunken
Hatte er zuviel getrunken
Trotz Laborlichtergeschein
Schlief er auf seinem Schreibtisch ein

Da kam sein treuer Praktikant
Der sah wie's arme Bier da stand
Er nahm es heimlich mit nach Haus
Und trank es artgerecht dort aus

Die unerträgliche Seichtigkeit des Rheins

Der Rhein hat keinen Tiefgang
Er denkt nicht richtig nach
Lässt sich einfach treiben
Was immer er versprach

Nimmt vieles in sich auf
Erträgt all die Touristen
Die auf pompösen Booten
Ein frohes Dasein fristen

Wollte einst groß raus
Wie die Nordsee werden
Wollte einfach Meer sein
Kein Fluss bleiben auf Erden

Doch der Rhein ist abgestumpft
In all den letzten Jahren
In seinem Flussbett leicht versumpft
Von den Touristenscharen

Die sagen oft so Sätze
Und der Rhein muss sie dann hören
Er hört oft Hass und Hetze
Von den Besucherchören

So ist er irgendwann als Fluss
Dann auch rechts abgebogen
Denkt häufig schlammig Stuss
Und fühlt sich schwer belogen

Von denen da ganz oben
Also den bösen Kreuzfahrtschiffen
Mit ihren schrecklich lauten Pfiffen
Er hat da mal davon gehört
Dass das wirklich furchtbar stört

Sein Hass gilt auch den fremden Tieren
Die sehen auch so komisch aus
Die sein Gewässer hier passieren
Hässlich wie der Vogel Strauss

Weil er so viel Unheil stiftet
Wird der Rhein demnächst begradet
Dazu auch gründlich noch entgiftet
Bis jeder gerne darin badet

Erste Schritte sind erreicht
Der Prozess der ist nicht leicht
Dem Rhein fällt Toleranz noch schwer
Gerade auch beim Fernverkehr
Doch träumt er jetzt von tollen Sachen
Die würde er so gerne machen

Speiseeis sein, Kinderlachen
Den Läufern eine Eisbahn bieten
Die Bildung auch von Stalagmiten
Oder einmal Suppe werden
Auf schönen induktiven Herden

Entgiften half dem Rhein, endlich klar im Fluss zu sein
Doch als Erkenntnis bleibt ganz schlicht
Das Wasser ist jetzt gänzlich rein
Nur schlauer wurd er dadurch nicht

Der Bankräuber

Der Bankräuber Franz-Theodor
Hatte heute noch viel vor
Wollte eine Bank ausrauben
Doch es war wirklich kaum zu glauben
Als er seine Waffe hob
Sich stürmisch vor den Schalter schob
Da brachte er kein Wort heraus
Für den Bankräuber ein Graus
Was war anders heute nur?
Was brachte ihn so aus der Spur?
Keine Angst in ihren Augen
Als wär's spannend sie auszurauben
Ein paar filmten ihn auch schon
Im Bild der Franz, ganz ohne Ton
Niemand der sich weggeduckt
Der ängstlich schreckhaft weggezuckt
Franz-Theodor, dem wurde klar
Als er dann im Gefängnis war
Er konnte nicht, wenn jemand guckt

Eine Rezension

Insgesamt sind Menschen so ...
Häufig leider nicht sehr froh
Vom Material her nicht stabil
In der Masse oft zuviel
Für Bastler ist manches dabei
Teile fehlen schnell mal drei
Mal fehlt im Schrank auch eine Tasse
Mancher faselt was von Rasse
Andere sind ganz zauberhaft
Voller Anmut, Witz und Kraft
Geschickter Hand oder Genie
Kunst oder Philosophie

Bestellungen dauern manchmal lang
Und fangen sie dann endlich an
Neun Monate Lieferzeit
Irgendwann ist es soweit
Am Anfang süß und wunderschön
Ganz bezaubernd anzusehen
Häufig fehlt das Schlafupgrade
Das Kleinkind kommt, das Baby geht
Die Meinungen, die werden lauter
Interessanter aufgebauter
Sie lernen viel und wachsen heiter
Zentimeterweise weiter
Dann sind sie plötzlich
Ganz schön groß
Menscheln ihre eigenen Leben
Und haben ihr ganz eigenes Streben

Hier ein Radfahrfanatist
Hier ein Landwirt tief im Mist
Die, die unter Autos liegt
Oder gern Flugzeuge fliegt
Vielleicht Dämonen auch begegnet
Wenn es in der Seele regnet
Jemand in der Wissenschaft
Clever oder mit der Kraft
Komplexe Texte leicht zu lesen
Manch ein liebevolles Wesen
Jemand der Steuern gern erklärt
Oder sich ganz gern beschwert

Und wer bin ich frag ich mich leise?
Ab und zu auf meine Weise
Versteh so vieles heute nicht
Mit meiner selbstgefärbten Sicht
Ist was ich einzig noch kapiere
- Menschen sind lustige Tiere

Graspreisbremse*

Der Graspreis ist nicht zu verachten
Wo Firmen forsch nach Vorteil trachten
Muss man früh schon regulieren
Gleich beim Erstlegalisieren
Wenn sich das Gras schnell weit verbreitet
Gesellschaftlich Aufstieg beschreitet
Es würde die Welt vielleicht besser machen
Über alles kann man bekifft so leicht lachen
Mehr Ruhe und Gemütlichkeit
Und wenig Energie für Streit

Stell dir vor es ist Krieg und keiner geht hin
Diskutieren zuhause auf der Suche nach Sinn
Statt im Internet wütend den Hass aufzuschreiben
Stoned in seinen Rauchringen bleiben
Graswerke als staatliche Versorgungsanstalten
Die durch Steuern dazu noch Tantiemen erhalten
Bevor der Wettbewerb einsetzt
Wünsche ich mir heute und jetzt
Regulierung und Mindestgrasabnahmen
Für alt und für jung, für Herren und Damen
Guter Stoff für kleines Geld
In der Hoffnung auf eine entspanntere Welt

KATARsis – oder: Wie schickt man Hooligans in die Wüste?*

Lange stand das Wort Katarrh
Für Erkältungen und Schmerzen
Nach zu viel Alkoholgetränk
Doch neu erblüht in Fußballherzen

Ist ein Frust, der ist verständlich
Und gefühlt derzeit unendlich
Katar als Ort für Fußballspiele
Verfolgt suboptimale Ziele
Vergaberecht kümmert sie nicht
Auch Menschen- oder Arbeitsrecht
An vielen Stellen gibt's Verzicht
Es steht da auch wohl eher schlecht
Um Gleichstellung und freie Liebe
Und Sicherheit der Baubetriebe
Jetzt wurde auch noch Bier verboten
Von vielen Fans gibt's schlechte Noten

Man kann es wenden und es drehen
Es stellt auch mich vor ein Problem
So schlimm die da alle agieren
Kann die WM nicht boykottieren

Nicht das Trikot vom Leib mir reißen
Vor Wut auf's Spiele gucken scheißen

Ich schaue eh nie Fußball an
Kein Wimpel ist am Auto dran

Um meinen Unmut drauf zu richten
Ich hab schlicht nichts um zu verzichten
Keine Leibchen, keine Fahnen, keinen Sitz im Stadion
Null an Fußballtradition
Und nur dieses eine Mal
Ist dieser Mangel mir fatal

Oktoberevolution*

Es fing dereinst ganz schnöde an
Das Oktobersein begann
Man schuf ihn und so stand er da
Oktoberig und wunderbar
Jahr für Jahr im selben Gang
Oktober voller Sturm und Drang
Man feierte die Oktopusse
Manche kamen an im Busse
Oktober groß zu zelebrieren
Das Oktagon und Oktaeder
Besonders das indoktrinieren
Feierte von ihnen jeder
Oktaven wurden zelebriert
Neuer Treibstoff vorgeführt
Mit besonders viel Oktan
Doch bald schon fing der Ärger an

Da wurden all diese Gebräuche
Heimgesucht von einer Seuche
Geworfen raus aus ihrem Nest
Auftritt: Das Oktoberfest
Mit Volksmusik und gutem Bier
Hohe Preise, gut besucht
Stets und ständig ausgebucht
Fragwürdiger Trachtenzier
Autoscooter, lautem Feiern
Rituell eifrigem reihern
Schürzenjagen, Balzverhalten
Vielen seltsamen Gestalten

Das Fest vertrieb die andren Bräuche
Okt ganz ohne oberfest
Mied man fortan wie die Pest
Man schlug sich jährlich voll die Bäuche
Trank sich den Oktober schön
So konnt' es ewig weitergehen

Bis heute änderte sich wenig
Die Zeit verging eher so sehnig
Wenn man es so sagen will
Stand die Evolution - still
Bierselig und angesoffen
Ist auf sie nicht mehr zu hoffen
Veränderung kaum herzukriegen
Nur der Bierpreis ist gestiegen

Tagundnachtbleiche*

Und wieder war es Urlaubszeit
Alle reisten weit und breit
Auch mich hat es ganz ungelogen
In den Süden schnell gezogen

Lieg gerne auch mal in der Sonne
Spiele ganz viel mit den Kindern
Bräun die Arme und Schultern
Und nur nicht den Hintern

Am Ende unserer kleinen Reise
Bin ich nach wie vor nicht weise
Aber weiß dafür von Kopf bis Zehen
Ungebräunt nur anzusehen

Es gibt zwar die, die heller sind
Wie ich selbst einst als Kellerkind
Doch richtig braun werde ich nie
Schneewittchenhautmelancholie
Kämpf an dagegen und darum
Geh ich ins Solarium
Wo ich gespannt dann bald erlebe
Dass zum Sonnenbrand ich strebe
Und danach erneut zur Blässe
Nicht, dass ich mich noch vergesse

Rede mir es mir möglichst schön
Es als politisch anzusehen
Dass mir die Bräune fern stets bleibt

Und es gern bunter mit mir treibt
Mal wütend rot, mal grün vor Neid
Zurück zur Bleiche ist's nie weit
Und das zu jeder Jahreszeit

Teabagging*

Der Beutel wird herabgesenkt
Vom Steuermann geschickt gelenkt
Vorfreudig auch ebenso
Trifft auf sein Ziel, macht Menschen froh
Wir sparen hier jetzt an Details
Manche die macht das recht heiß
Doch muss man nicht um jeden Preis
Immer im Detail beschreiben
Was Menschen alles gerne treiben

Todesstrafe

Henker Herbert kann nicht lachen
Sein Fallbeil ist ganz frisch gewetzt
Und doch, da ist schlicht nichts zu machen
Er wurde vor die Tür gesetzt

Die Todesstrafe abgeschafft
Im Handstreich durch neue Gesetze
Herbert hat es nicht gerafft
Denkt niemand an die Arbeitsplätze?

Das schlägt sich finanziell zu Buche
Finster ist stets seine Miene
Seitdem ist er auf der Suche
Mitsamt seiner Guillotine

Will so gern neue Arbeit finden
Hausiert fortan von Tür zu Türe
Dann endlich, darf sich wieder schinden
Macht für Leute Maniküre

Doch leider führte das zu Frust
Die Guillotine war zu grob
Mehrfach gab's Fingerverlust
Rausschmiss statt mal etwas Lob

Auch als Chirurg mühte er sich
Doch traf auch da die Freude nich
Statt hier lang zu operieren
Wollte er stets amputieren
Verlor den Job so auf die Schnelle
Und bei der Bank die Arbeitsstelle
Ließ ihn sauer schwer frustrieren
Hier gab's nix zum guilloutinieren

Nach langer Suche und viel Frust
Fand er wieder einen Job
Den er erfüllt mit stolzer Brust
Und qualitativ immer Top

Sein Bereich ist Auftragsmord
Mit Passion und viel Routine
Unterwegs von Ort zu Ort
Mit seiner Reise-Guillotine

Tugendwort des Jahres*

Es leuchten grellend weiß die Strahler
Jetzt geht es groß und eilig los
Die epische und große Gala
Zum Tugendwort - so makellos
Was ist die große deutsche Tugend?
Was wird es werden dieses Jahr?
Was eint die Alten und die Jugend?
Mit Kopf und Fuß von Haut bis Haar?

Sind es Konsum und Kapital?
Körperkunst und Genital?
Wolllust, Neid - nach alter Art
Oder gar die Keuschheit zart?
Faulheit ist meist vorn dabei
Gemeinsam mit der Völlerei
Das Publikum begeistert brodelt
Schreit und tönt und brüllt und jodelt
Da tritt die Jury schon heraus
Vor das ausverkaufte Haus

Lässt sich auf Fotos feste halten
Froh sind diese vier Gestalten
Der Prozess, er ist geschafft
Fühlen sich ganz fabelhaft

Der Sprecher spricht, es ist beschlossen
Viel Zeit ist da hinein geflossen

In unsere große Diskussion
Etwas schwierig war es schon
Doch jetzt sind gänzlich wir zufrieden
Und haben hiermit auch beschieden

Ruhm - das ist das Tugendwort
Bestimmt den Zeitgeist dort und dort
Auf Instagram und Tik Tok auch
Vom Tanz bis hin zum flachen Bauch
Der Ruhm ist überall vertreten
Um Autogramme wird gebeten
Applaus im Handtellerformat
Wo die Versuchung ständig naht
Und jeder sich gern präsentiert
Für nichts sich dabei noch geniert

Ruhm ist die Tugend unserer Zeit
Jetzt klatscht endlich - es ist soweit

Das Publikum klatscht ganz frenetisch
Und guckt dabei ganz klar ästhetisch
Defiliert alsbald hinaus
Aus der großen Halle raus

Es wird nun ruhiger - ich könnt schwören
Etwas ist da noch zu hören

Der Mann der dort verblieben steht
Leise seine Runden dreht
Hat nun Lust sich einzuschalten
Sagt: "Öfter mal die Fresse halten
Wäre es als Tugend wert"

Doch wie er da die Halle kehrt
Ist keiner da der sich empört
Keiner da der es noch hört
Und eben keiner der's erfährt

Wahlen in Italien*

Hat man die Wahl da in Italien
Denkt der Deutsche allzu oft
Schlicht an die Fressalien
Die er sich im Leib erhofft

Ob Pizza, Pasta, ob Salat
Da wird nicht Kalorien gespart
Olivenöl und Knoblauch drauf
Nimmt man gerne und zuhauf

Wie man sich so jüngst erzählt
Hat Italien sich verwählt
Was die Suppe mir versalzt
Konflikte mir ins Kleinhirn walzt

Unterstützt mein Essverhalten
Rechtsgerichtetes verwalten?
Sind dies Faschonudeln gar?
Mit Parmesan so wunderbar

Ein echtes Label wünsch ich mir
Politisch passt dies Bier zu mir
Nicht nur Bio, fair gehandelt
Auch, mit wem ist das verbandelt?

Diese Wurst ist linksversifft
Von einem der sich gerne trifft
Mit Menschen aus der ganzen Welt
Weil Sympathie statt Herkunft zählt
Aber diese Tagliatelle
Tritt von den Werten auf der Stelle
Diese Pizza ward gemacht
Von wem, der weltoffen gedacht

Nur leider wie so oft im Leben
Gibt's die Gefahr der Überfrachtung
So ist der Mensch ganz gerne eben
Bei genauerer Betrachtung
Was auch das Label toll bezweckt
Isst man oft nur was einem schmeckt

Zahnkunst

Der Pit, der wollte Künstler sein
Skulpturen bauen, zart und fein
Doch sprach ein Wunsch sein alter Vater
Auf dem Sterbebett da bat er
Pit - studier Zahnmedizin
Und seither plagte es ihn

Kämpfte jetzt tagaus tagein
Mit Karies und Zahnesstein
Doch kam der Tag als etwas riss
Ihn aus den Alltagsgleisen schmiss
Ein kleiner Schliff der ging daneben
Das sieht viel cooler aus als eben
Hat der Pit sich da gedacht
Und dann spontan schlicht Kunst gemacht
Auch wenn der Patient häufig zuckte
Und auch ziemlich verwirrt dreinguckte
Wurden die Zähne dieses Herrn
Zu einem fein geschliffenen Stern
Zu traumhaften barocken Säulen
Der Patient fing an zu heulen
Pit fräste Muster auch und Flammen
Woher all diese Ideen stammen
Konnte Pit sich nicht erklären
Und statt sich bei ihm zu beschweren
War der Patient hellauf begeistert

So hat Pit den Spagat gemeistert
Er respektiert den Papatraum
Doch verbiegt sich dabei kaum
Die Leute zahlen gerne viel
Pit hat immer leichtes Spiel
Will immer noch mehr ausprobieren
Als nächstes wird er mal lackieren
Auf dass es formschön bunt bemalt
Schon bald aus allen Mündern strahlt

Wissen ohne Macht

Ein kleiner Mann in seinem Kopf
Drückt auf einen kleinen Knopf
Dann sagt er alles was er denkt
Was der kleine Mann ihm schenkt
Gedankengut, Gedanken schlecht
Satz für Satz ist er im Recht
Fühlt sich allen überlegen
Von wegen seinem "Denken" eben
"Reich kann wirklich jeder sein
Hängt man sich nur richtig rein"
Er weiß wer sich im Wege steht
Und erklärt wie's richtig geht:
"Früher aufstehen, mehr trainieren
Mit Aktien, Bitcoins, Geld jonglieren
Einfach bisschen investieren
Ich war selber depressiv
Stimmt in echt, guckt nicht so schief
Doch half mir mehr spazieren gehen
Und die Welt positiv sehen
Wenn ich das kann dann macht's mir nach
Euch droht nie mehr Ungemach
Ich will doch nur dass ihr das wisst"
Er redet viel und alles Mist

Und nur weil ich's als Autor kann
Fing im Nu der kleine Mann
Auf einmal zu Verstehen an
Merkte plötzlich ganz verstört
Dass eben mehr dazu gehört

Nur hört ihm jetzt verarmt im Nu
Trotz allem Wissen niemand zu

Inhaltsverzeichnis

Mein Dank geht an die wunderbaren Menschen in meinem Leben. Ihr wisst schon, wen ich meine. Also, hoffentlich.

Homepage: www.arno-wilhelm.de
E-Mail: mail@arno-wilhelm.de
Twitter: @larrydevito
Instagram: larrydevito

FSC
www.fsc.org

MIX

Papier aus ver-
antwortungsvollen
Quellen
Paper from
responsible sources

FSC® C105338